BEI GRIN MACHT SICH IHR WISSEN BEZAHLT

- Wir veröffentlichen Ihre Hausarbeit,
  Bachelor- und Masterarbeit

- Ihr eigenes eBook und Buch -
  weltweit in allen wichtigen Shops

- Verdienen Sie an jedem Verkauf

Jetzt bei www.GRIN.com hochladen und kostenlos publizieren

Katharina von Lehmden

Hermetische Lyrik am Beispiel Ingeborg Bachmanns

GRIN Verlag

Bibliografische Information der Deutschen Nationalbibliothek:

Die Deutsche Bibliothek verzeichnet diese Publikation in der Deutschen National-
bibliografie; detaillierte bibliografische Daten sind im Internet über http://dnb.d-
nb.de/ abrufbar.

Impressum:

Copyright © 2009 GRIN Verlag, Open Publishing GmbH
Druck und Bindung: Books on Demand GmbH, Norderstedt Germany
ISBN: 978-3-640-69250-7

Dieses Buch bei GRIN:

http://www.grin.com/de/e-book/155870/hermetische-lyrik-am-beispiel-ingeborg-
bachmanns

GRIN - Your knowledge has value

Der GRIN Verlag publiziert seit 1998 wissenschaftliche Arbeiten von Studenten, Hochschullehrern und anderen Akademikern als eBook und gedrucktes Buch. Die Verlagswebsite www.grin.com ist die ideale Plattform zur Veröffentlichung von Hausarbeiten, Abschlussarbeiten, wissenschaftlichen Aufsätzen, Dissertationen und Fachbüchern.

Inhalt

1. Einleitung

Theodor Wiesengrund Adorno (1903 – 1969) schrieb in seinem Essay „Kulturkritik und Gesellschaft" (1951)[1]:

„Nach Auschwitz ein Gedicht zu schreiben, ist barbarisch, und das frißt auch die Erkenntnis an, die ausspricht, warum es unmöglich ward, heute Gedichte zu schreiben."

Diese zentrale These des deutschen Philosophen und Soziologen weist daraufhin, dass nicht nur das Reine und Schöne, sondern auch Auschwitz Teil der deutschen Kultur ist. Demnach ist Kultur, die auch für die Situation in der Gesellschaft verantwortlich ist, als vielseitiger Begriff zu verstehen. Die oben angeführte meistzitierte These Adornos fechtet demzufolge nicht nur die Dichtung, sondern die gesamte Kultur in der deutschen Gesellschaft an und zeigt auf, in welch schwieriger Situation sich insbesondere die deutsche Lyrik nach der „Stunde Null", nach dem Jahr des Zusammenbruchs des faschistischen deutschen Reichs und der zuvor mit sich getragenen Geschehnisse, befand. Es eröffnete sich daraus die Frage, wie Lyrik nach den Ereignissen des Zweiten Weltkrieges mit den damit verbundenen Massenmorden der Nationalsozialisten noch möglich und in der Lage war, das Geschehene verarbeiten und möglicherweise darstellen zu können.

In der vorliegenden Hausarbeit möchte ich mich mit der „hermetischen Lyrik", die sich in der Zeit nach dem Zweiten Weltkrieg aus den geschilderten Bedenken entwickelte, beschäftigen. Mit der Österreicherin Ingeborg Bachmann als eine der bedeutendsten Vertreterinnen der modernen hermetischen Lyrik werde ich auf eine Schriftstellerin eingehen, die die hermetische Lyrik stark beeinflusst und gelenkt hat. Vor dem Hintergrund der schwierigen Lage der Nachkriegslyrik werde ich versuchen, die Programmatik der hermetischen Lyrik, speziell die Lyrik Ingeborg Bachmanns, herauszuarbeiten und anhand von zwei Gedichtbeispielen erläutern. Es folgt ein abschließendes Fazit der Hausarbeit, in der die wichtigsten Erkenntnisse zur Thematik der hermetischen Lyrik dargelegt werden.

---

[1] Theodor W. Adorno (1951): „Kulturkritik und Gesellschaft", S. 49. In: „Lyrik nach Auschwitz? Adorno und die Dichter". Hrsg. von Petra Kiedaisch. Stuttgart 1995

2. Programmatik der hermetischen Lyrik

Der Begriff „Hermetik" leitet sich aus dem Griechischen ab und bedeutet ins Deutsche übersetzt „fest verschlossen". Dieser Begriff beschreibt somit die bezeichnende Charaktereigenschaft der so genannten „hermetischen Lyrik", einer Sonderform poetischen Sprechens, die ihren stilistischen Ursprung in Italien hatte[2].

Bereits seit der Jahrhundertwende gab es hermetische Tendenzen zu immer komplexeren Ausdrucksformen und zu immer verschlüsselteren Bildern. Dichter wie Rainer Maria Rilke und Stefan George schufen als Antwort auf die geistesgeschichtliche und naturwissenschaftliche Entwicklung eine dichterische Gegenwelt und koppelten sich somit von der gesellschaftlichen Realität, die in den Augen vieler Schriftsteller und Lyriker unüberbrückbar war, ab. Dieses Verhalten der Autoren wird auch als „Sprachskepsis" bezeichnet. Man stellte sich der Reflexion über die Sinnstrukturen des menschlichen Daseins und man beabsichtigte sich dem „Augenblickscharakter des Daseins" (HOFFMANN 1998, S. 46) zu entziehen. Indem man immer kompliziertere sprachliche Formen und Bilder in die Dichtung einführte, versuchte man, die komplexe Wirklichkeit besser verarbeiten zu können. Es kamen aber im Rahmen dieser Wirklichkeitsverarbeitung auch Zweifel auf, ob die Übertragbarkeit der außersprachlichen Realität in Sprache überhaupt möglich sei. Hugo von Hofmannsthal thematisierte diesen Zweifel beispielsweise in seinem „Brief des Lord Chandos", den er in den Jahren 1901/1902 verfasste. In diesem Brief legte er dar, wie ihm das zuvor Selbstverständliche plötzlich fragwürdig erschien (vgl. HOFFMANN 1998, S. 14 ff).

Der Zweite Weltkrieg führte noch einmal das Zerstörungspotential des Menschen und seine mangelnde Lernfähigkeit vor Augen und machte es den Menschen noch schwieriger, an einen Sinn des menschlichen Daseins zu glauben (vgl. HOFFMANN 1998, S. 65). Nachdem auch die Sprachskepsis durch den nationalsozialistischen Sprachmissbrauch eine Radikalisierung erfahren hatte, ließen sich in der Lyrik der Nachkriegszeit zwischen 1945 und 1960 verschiedene Tendenzen feststellen. Die Dichter versuchten, eine eigene dichtungssprachliche Realität zu schaffen. Die lyrischen Formen wie zum Beispiel die „naturmagische Schule" (Bsp. Elisabeth Langgässer: „Frühling 1946", s. HOFFMANN 1998,

---

[2] *Hermetismus:* Artikel in: Bertelsmann – Wörterbuch der deutschen Sprache, Gütersloh 2004, S. 633

S. 37) und die Trümmerlyrik (Bsp. Günter Eich: „Inventur", s. HOFFMANN 1998, S. 14 f.) entwickelten sich parallel, bedingten sich teilweise aber auch gegenseitig. Die hermetische Lyrik, die dem französischen Symbolismus des späten 19. Jahrhunderts sehr ähnelte, entwickelte sich ebenso in dieser Zeit, nach dem Trauma von Auschwitz. Die hermetischen Tendenzen des Sprachgebrauchs der Jahrhundertwende wurden in dieser Phase intensiviert.

Die hermetische Lyrik war durch eine verschlüsselte, chiffrierte[3] Sprache gekennzeichnet und war durch eine undurchdringliche und rätselhaft wirkende Semantik charakterisiert. Man kann daher auch von einer Dissonanz zwischen dem Bezeichnenden und Bezeichnetem sprechen. Durch die Verwendung von Chiffren, eine Verringerung der Wörter und Wortwiederholungen entstand eine komplett neue Syntax der hermetischen Lyrik. Diese Form von Lyrik wird daher auch als „Dichtung an der Grenze des Sagbaren" (HOFFMANN 1998, S. 46) bezeichnet. Hermetische Lyrik war gekennzeichnet durch ihren sozialkritischen Charakter, und zwar im Hinblick auf die gesellschaftliche Entwicklung während der Nachkriegszeit. Der Gebrauch der Sprache, der aus dem Misstrauen gegenüber dem alltäglichen Ausdruckswert hervorging und eine Reaktion auf den Sprachmissbrauch des Faschismus darstellte, war bewusst distanziert. Der lyrische Sprachgebrauch, der von Ausdrucksnot, aber auch von Ausdruckszwang gekennzeichnet war, schlug somit einen neuen Weg ein, der einen Bruch mit den Konventionen der Sprache bedeutete. Die Hermetik als eine experimentelle Form von Lyrik war eine Loslösung von herkömmlichen Gedicht- und Sprachstrukturen, die nach den traumatischen Erlebnissen zu Kriegszeiten keine Anwendung mehr finden konnten.

Da beim erstmaligen Lesen hermetischer Gedichte aufgrund der verdichteten und schwierigen Sprache zunächst eine völlige Unverständlichkeit hervorgerufen wird, wird der Leser dazu aufgefordert, sich mit einer guten Beobachtungsgabe und einer hohen Aufmerksamkeit mit dem hermetischen Gedicht auseinanderzusetzen. Hinsichtlich dieser Anforderung, die auch als Herausforderung an den Leser ausgelegt werden kann, spricht Paul Celan (1920 – 1970) von einer „besonderen Form von Konzentration, des Sich-Einlassens auf die Welt" (s. HOFFMANN 1998, S. 65) und zitiert den französischen Philosophen Nicole Malebranche (1638 – 1715): „Aufmerksamkeit ist das natürliche Gebet der Seele." (s. HOFFMANN 1998, S. 65). Um hermetische Lyrik begreiflich zu machen, muss ihre sprachliche Struktur genau dechiffriert werden. Die Dechiffrierungsleistung der Leserschaft steht somit vor dem Verstehen eines Gedichts. Nach der Entschlüsselung der hermetischen Lyrik, wird oft versucht, eine eindeutige Interpretation zu entwickeln. Eine

---

[3] Chiffre = unauflösbares Bild, absolute Metapher; zentraler Begriff der hermetischen Lyrik

„richtige" Interpretation der hermetischen Texte im engeren Sinne gibt es allerdings nicht, da bei den meisten hermetischen Gedichten mehrere Interpretationsansätze zulässig sind. Die Analyse hermetischer Gedichte darf daher nicht auf eine Deutungshypothese eingeschränkt werden. Dieses beruht darauf, dass der lyrische Text der Hermetik allein auf einen Zusammenhang im Bewusstsein des Autors verweist. Je chiffrierter die Texte und je undurchschaubarer die Inhaltswelt des Gedichtes ist, desto höher ist die Qualität des hermetischen Textes einzuordnen.

3. Hermetische Lyrik am Beispiel Ingeborg Bachmanns

Ingeborg Bachmann (1926 – 1973) war eine der bedeutendsten Schriftstellerinnen und Lyrikerinnen der deutschsprachigen Nachkriegsliteratur, die sich mit der hermetischen Lyrik befasste. Die Lyrik Bachmanns ist sehr vielschichtig. Sie thematisiert vorwiegend die gesellschaftliche Wirklichkeit, die in der modernen Lyrik nach 1945 immer wieder eine bedeutende Rolle spielte. Vor allem ihre beiden veröffentlichten Gedichtbände „Die gestundete Zeit" (1953) sowie „Anrufung des Großen Bären" (1956), die den Kern ihrer Lyrik bilden, finden in Diskussionen über die wichtigsten Werke der modernen hermetischen Lyrik immer wieder Erwähnung. Im Folgenden werde ich mich zunächst einmal mit diesen beiden wichtigen Gedichtbänden Bachmanns befassen und anschließend zu Interpretationen zweier Gedichte der Lyrikerin, überleiten.

Der Gedichtband „Die gestundete Zeit" wurde im Herbst 1953 in der von Alfred Andersch (1914 – 1980) herausgegebenen Buchreihe „Studio Frankfurt" veröffentlicht (s. ALBRECHT/ GÖTTSCHE 2002, S. 57). Bereits der Titel des Gedichtbands, der auch Titel eines der Gedichte des Bandes ist, wirkt provokativ und ironisch. Die Stundung von Zeit, deren Fortschreiten man normalerweise unterlegen ist, könnte hier als Machtmotiv verstanden werden. Es stellt sich die Frage, wer dazu in der Lage ist, Zeit stunden zu lassen. Der Gedanke an eine „Übermacht" entgegen der natürlich gegebenen Verhältnisse wird hinsichtlich dieser Überlegung erzeugt und erinnert an die Politik und Ideologie des NS-Regimes (Stichwort: „Machtergreifung"). Die Stundung von Zeit könnte allerdings auch dafür stehen, die Zeit nicht genutzt zu haben. So wäre daraus abzuleiten, dass sowohl ein politischer, als auch ein gesellschaftlicher und individueller Neuanfang zu einem bestimmten Zeitpunkt möglich gewesen wäre, die Chance aber zu diesem Augenblick vertan worden ist. Stundung von Zeit könnte aber auch für eine Schonfrist für die Menschen stehen, die ihnen gewährleistet wird, um sich auf einen Neubeginn vorbereiten zu können. Es zeigt sich, dass der Umgang mit dem Zeitbegriff sehr wandelbar ist. Die Erkenntnis bleibt, dass schon der Titel des Gedichtbands den Leser zum Nachdenken anregt und bereits Spekulationen über eine Auslegung zulässig sind.

Der Gedichtband „Die gestundete Zeit" enthält 24 Gedichte und gliedert sich kompositorisch. Die Gedichte umfassen erzählerische Elemente und sind metaphern- und klangreich. Lediglich zwei der 24 Gedichte aus „Die gestundete Zeit" sind im Reimschema aufgebaut. „Die gestundete Zeit" thematisiert in erster Linie die politisch-sozialen Zeiterscheinungen mitsamt ihren einschneidenden Folgen. Wichtige inhaltliche Komponenten sind dabei „Erinnerung" und „Gedächtnis", „Tod" sowie „Verlassenheit". Die Natur besitzt in den Gedichten Ingeborg Bachmanns ebenfalls eine tragende Rolle. Aber auch die Hoffnung auf eine bessere Zukunft in der Nachkriegswelt wird in dem Gedichtband, der insgesamt appellativ wirkt und Aufmerksamkeit erregt, nicht übersehen. Es wird von den Lesern neben einer stetigen Wachsamkeit auch ein Aufbruch erfordert, was in einigen Gedichten unter anderem auch der Adressatenbezug in Form des „du" verdeutlicht wird.

Der zweite Gedichtband Ingeborg Bachmanns, „Anrufung des Großen Bären", wurde im Herbst 1956 veröffentlicht, gliedert sich in vier Teile mit zyklischer Struktur und beinhaltet insgesamt 31 lyrische Texte. Die Gedichte sind in den Jahren 1954 – 56 entstanden, zur Zeit des Italien-Aufenthalts Bachmanns (s. ALBRECHT/GÖTTSCHE 2002, S. 67).

In „Anrufung des Großen Bären" liegt gegenüber dem Gedichtband „Die gestundete Zeit" eine formale Veränderung vor. Die Gedichte sind in sich strenger konzipiert und zeigen eine Rückkehr zum traditionellen Reim und zur Metrik auf. Mehr als die Hälfte der Gedichte liegen in Reimform vor. Die zyklische Struktur des Gedichtbandes bewirkt im Gegensatz zum ersten Gedichtband, in dem die Gedichte als geschlossene Einzelwerke vorzufinden waren, eine übergreifende Sprachbewegung, bei der auf das lyrische Ich ein höheres Augenmerk gelegt wird. Für den zweiten Gedichtband ist ebenfalls charakteristisch, dass die Gedichte einen Landschaftsbezug aufnehmen und es somit zu einer starken Bewegung und Lebendigkeit innerhalb der lyrischen Texte und des gesamten Werkes kommt.

Der zweite Gedichtband knüpft auf der inhaltlichen Ebene an die Gedichte ihres vorhergehenden Bandes an, thematisiert aber insbesondere noch die Erfahrung des Sprachverlustes. Die Sprachbetrachtung wird zwar auch in „Die gestundete Zeit" behandelt, wird aber in diesem später veröffentlichten Band noch intensiver betrachtet. Bachmann arbeitet metaphernreich und verwendet mystisch-märchenhafte Bilder, die bedrohlich wirken. Ihre Lyrik enthält viele Bilder, die mit den Leitmotiven „Dunkelheit" und „Tod" verbunden werden können und die in Verbindung mit naturmagischen Elementen zum Ausdruck gebracht werden. Die Entfremdung des Individuums mit einer damit verbundenen Bedrohung bzw. Verzweiflung an der Existenz wird in dem zweiten Gedichtband sehr häufig behandelt. Bachmann kommt dieser Entfremdung mit Bildern aus der Natur, Kunst, Religion, Märchen und Liebe entgegen, die für eine Flucht in eine andere, fantasievollere Welt stehen könnten und Hoffnung auf Besserung bewirken lassen. Somit fließen in die Lyrik Bachmann sowohl negative als auch positive Aspekte ein, die sich auch in den beiden folgenden Gedichtinterpretationen abzeichnen.

3.1 Gedichtinterpretation: „Früher Mittag"[4]

Das Gedicht „Früher Mittag" wurde im Jahr 1953 im Gedichtband „Die gestundete Zeit" veröffentlicht. Die äußere Form des Gedichts, welches sich aus 37 unterschiedlich langen Versen aufbaut, ist durch eine unregelmäßige Struktur und Enjambements gekennzeichnet (= Hakenstil). Das Gedicht wird mit einer achtzeiligen Strophe eröffnet, geht dann in einen kürzeren Abschnitt über und leitet zu einer Folge von drei fünfzeiligen Strophen über, die von Einzeilern eingerahmt werden. Es folgen daraufhin wiederum kürzere Versabschnitte, die das Gedicht abschließen.

Auffällig sind die beiden Fünfzeiler, die aufgrund der parallelen semantischen Struktur ihres Beginns (V.13, V. 18: „Sieben Jahre später") hervorragen, über einen halben Kreuzreim verfügen und durch diese Anordnung an ein Volkslied erinnern. Innerhalb dieser beiden Strophen wird das Augenmotiv (V. 17 und V. 22)wiederholt, was zusätzlich eine parallele Struktur erzeugt. Aber nicht nur hier sind Parallelitäten zu finden, sondern auch in der Konstruktion der beiden dreizeiligen Strophen (V. 9 – 11 und V. 33 – 35), deren Inhalt sich, betreffend der jeweils ersten Verse dieser Strophen (V. 9 und V. 33), ähnelt. Daneben gibt es auch in den beiden Einzelversen (V. 12 und V. 28) eine gleichlaufende Struktur: Die Ausdrücke emotionaler Empfindungen in Form von „Schmerz" (V. 12) und „Hoffnung" erfahren eine Personifizierung (= Allegorie) und werden auf diese Weise zu einem greifbareren Teil der dargestellten Situation in diesem Gedicht.

---

[4] Gedichte „Früher Mittag" und „Anrufung des Großen Bären" befinden sich im Anhang

Die Feststellung „schon ist Mittag", die sich an verschiedenen Stellen innerhalb des Gedichtes wiederholt (V. 3, 23, 37) und sich in ähnlicher Form im Gedichttitel wiederfindet, wirkt refrainartig. Der Text wird durch diese Formulierung als Ganzes gefestigt, da die Strophen auf diese Weise miteinander verbunden werden. Demnach liegt hier eine Gedichtform vor, die im ersten Moment sehr bruchstückhaft, unregelmäßig und unterbrechend wirkt, aber auf den zweiten Blick aufgrund der parallelen äußeren und inhaltlichen Strukturen durchdacht scheint.

Bereits in der ersten und längsten Strophe des Gedichts (V. 1 – 8) fällt auf, dass Ingeborg Bachmann viele Naturbilder verwendet. Meiner Ansicht nach wird in dieser Strophe ein Neubeginn, hier als sich eröffnender Sommer (V. 1) beschrieben. Dass etwas vermutlich Erschreckendes und Gewaltsames vorgefallen sein muss, zeigen die Begriffe „Scherben" (V. 5), „geschundener Flügel" (V. 6) und „entstellte Hand" (V. 7). Etwas Zerstörerisches scheint nun nicht mehr gegenwärtig zu sein, da sich die Natur nun zu regenerieren scheint: unter anderem grünt nun die Linde (V. 1), der Strahl im Brunnen regt sich (V. 4), der Flügel des Märchenvogels hebt sich (V. 5 f.) und das Korn erwacht (V. 8). Die Atmosphäre wirkt verträumt („Märchenvogels", V. 6) und ländlich, was mit der Äußerung „weit aus den Städten gerückt" (V. 2) belegt werden kann. Es zeigt deutlich, dass die zerstörerische Gewaltwelle nicht nur die Stadt, sondern auch die ländliche Idylle getroffen hat. Aus der ersten Strophe des Gedichts „Früher Mittag" könnte man die Situation nach dem Zweiten Weltkrieg in Deutschland ableiten. Die Gewalt des Nationalsozialismus und des Krieges hatte starke und folgenreiche Auswirkungen auf Mensch und Natur. Nur langsam scheint sich Frieden einzustellen, das Leben zu regenerieren und ein Aufbruch zu beginnen.

Der von Bachmann geschilderte Steinwurf (V. 7) könnte eine Anspielung auf das Bibelwort „Wer frei von Schuld ist, werfe den ersten Stein" sein. Es stellt sich allerdings die Frage, warum die Hand vom Steinwurf entstellt ist. Möglich wäre zum einen die Vermutung, dass die Hand selbst von einem Stein getroffen worden ist und ihre Entstellung somit darauf beruht, dass sie die Schuldige war. Zum anderen könnte der Vers aber auch so ausgelegt werden, dass die Hand frei von Schuld sein wollte und sie zu viele Steine geworfen hat, so dass es zu einer Entstellung der Hand gekommen war. Da diese Hand im erwachenden Korn verschwindet (V. 7 – 8), denke ich aber, dass die angesprochene Hand die des Täters ist, der nicht frei von Schuld ist. Das Korn wird über diese Hand (= die Schuldigen und Mitschuldigen im Nationalsozialismus) wachsen, so dass sie eines Tages nicht mehr zu sehen sein wird und in Vergessenheit gerät. Schuldzuweisungen werden somit beendet und wie hier dem Erdboden gleichgemacht.

Der folgende Abschnitt gliedert sich in drei Verse. Diese zweite Strophe des Gedichts beginnt damit, dass beschrieben wird, dass Deutschlands Himmel, als etwas Machtvolles dargestellt, die Erde schwärzt (V. 9). Dass Deutschlands Himmel die Erde schwärzt, zeigt, dass die Geschehnisse noch ihre Schatten werfen, Folgen mit sich ziehen und noch nichts in Vergessenheit geraten ist. Ein enthaupteter Engel des deutschen Himmels sucht ein Grab für den Hass (V. 10), was darauf hindeutet, dass auch diese himmlische Figur von Gewalt betroffen war, nun aber versucht, damit abzuschließen und Frieden zu finden. Zum ersten Mal im Gedicht wird an dieser Stelle ein Adressatenbezug hergestellt. Der enthauptete Engel „reicht dir die Schüssel des Herzens" (V. 11), was bedeutet, dass der Engel versucht, sein gutmütiges Verhalten, die Vergebung, weiterzutragen, auch wenn er selbst von den Folgen der Gewalt gekennzeichnet ist.

Der folgende Einzeiler („Eine Handvoll Schmerz verliert sich über den Hügel", V. 12) deutet darauf hin, dass Schmerz in dieser geschilderten Zeit noch vorhanden ist, aber allmählich verschwindet. Es wirkt hierbei so, als wenn man dem Schmerz über eine weite Entfernung in der Landschaft hinterherschauen würde. Es ist an der Zeit gekommen, von ihm Abschied nehmen zu müssen und ihn gehen zu lassen.

Die nächsten beiden fünfzeiligen Strophen beginnen mit der Formulierung „Sieben Jahre später" (V. 13, 18). Der Gedichtband „Die gestundete Zeit" wurde 1953 veröffentlicht. Man kann nun annehmen, dass das Gedicht schon früher verfasst worden ist, vermutlich im Jahr 1952, sieben Jahre nach Kriegsende. Die Formulierung „Sieben Jahre später" könnte somit der Situationsbeschreibung der Nachkriegszeit dienen.

Der „Brunnen" (V. 15), der in der ersten fünfzeiligen Strophe (V. 13 – 17) beschrieben wird, kann als Symbol für das Gedächtnis stehen. Der Brunnen ist dazu in der Lage, etwas rasch zu verbergen und kann sehr tief reichen. Man kann nicht einsehen, wie weit der Brunnen reicht. Er beinhaltet Spuren, die nicht leicht zugänglich, die man eventuell sogar verdrängt hat, aber in jedem Fall noch vorhanden sind. Die Spuren alter Zeiten wirken daher beunruhigend auf den Leser. In dieser Strophe gibt es wiederum einen Adressatenbezug. An den Adressaten wird appelliert, nicht zu tief in den Brunnen hineinzuschauen (V. 16). Demnach ist es zwar möglich, sich an das Geschehene zu erinnern, dennoch sollte das Vergangene aber eher ruhen und oberflächlich betrachtet werden. Es wird davon gesprochen, dass die Augen über gehen könnten (Augenmotiv, V. 17). Daraus lässt sich ableiten, dass die Gefahr bestehen könnte, zu tief in die Vergangenheit zu blicken und möglicherweise auch etwas aufzudecken, was den Prozess der Verarbeitung und des Vergessens stark beeinträchtigen könnte.

Die zweite fünfzeilige Strophe (V. 18 – 22) zeigt, dass „die Henker von gestern" (V. 20) noch in der beschriebenen Gegenwart präsent sind und sich im Verborgenen, hier das Totenhaus, zueinander gesellen. Das Motiv der Augen (V. 22) findet sich auch hier wieder. Das Sinken der Augen könnte hier als Beschämtheit und Wegsehen verstanden werden. Die darauf folgende Strophe (V. 23 – 27) beginnt mit der bekannten Feststellung „schon ist Mittag" (V. 23). Die Wendung erfährt nun eine größere Bedeutung als noch in der ersten Strophe (V. 3), in der sie durch die beiden folgenden Verse (V. 4 – 5), die ebenfalls mit dem Wort „schon" begannen, abgeschwächt wurde. In dieser Strophe erfolgt eine Situationsbeschreibung: Das Eisen wird gekrümmt (V. 24), die Fahne wird gehisst (V. 25) und der Adler bleibt fortan geschmiedet (V. 26 – 27). In dieser Strophe kommt zum Vorschein, dass sich etwas regt. Waffen werden geschmiedet und geschärft, was einen bedrohlichen und aggressiven Eindruck erweckt. Es könnte eine Anspielung auf das Wettrüsten im Kalten Krieg, der nach Ende des Zweiten Weltkrieges eintrat, sein. Nach kurzer Zeit könnte sich wieder ein politischer Konflikt entwickeln. Dass das Eisen sich nicht im Feuer, sondern in der Asche krümmt, könnte bedeuten, dass das kriegerische Feuer erst kurz zuvor erloschen ist und das dass Eisen, was für Robustheit und Stärke steht, aufgrund der Auswirkungen immer noch reagiert und sich krümmt.

An diese Strophe schließt sich ein Einzeiler an, in der die Hoffnung allegorisch, in personifizierter Form, erblindet im Licht kauert (V. 28). Dieses könnte bedeuten, dass eine Hoffnung zwar vorhanden, aber aufgrund des aufkommenden Konflikts durch den Kalten Krieg, erniedrigt worden ist. Diese Hoffnung aufzubauen, ist möglich, worauf auch die nächste Strophe (V. 29 – 32) Bezug nimmt. An dieser Stelle gibt es wieder einen klaren Adressatenbezug. Hier kommt es zu einem Appell an das „du", die Hoffnung zu befreien, in dem ihre Fessel gelöst werden sollen (V. 29), sie die Halde herabgeführt werden (V. 30) und man ihr die Hand auf das Auge legen soll (V. 31). Es zeigt sich, dass ein Handeln möglich ist, so dass die Hoffnung auf einen Ausweg bestehen kann.

Die nächste und vorletzte Strophe (V. 33 – 35) nimmt Bezug auf die zweite Strophe (V. 9 – 11) des Gedichts, indem zunächst beschrieben wird, dass Deutschlands Erde den Himmel schwärzt. Es kommt hier demzufolge zu einer Inversion des Beginns der zweiten Strophe. Der Himmel wird dunkler und schwärzt sich allmählich. Während dieser Schwärzung des Himmels ist eine Wolke auf der Suche nach Worten (V. 34), deren Intention aufgrund ihrer Position im dunklen Himmel sehr schwierig zu sein vermag. Die Wolke könnte als eine Vertreterin der hermetischen Schriftsteller verstanden werden. Da sich die hermetischen Autoren in einer schwierigen literarischen Situation befanden (= geschwärzter Himmel), suchten sie nach passenden Worten oder zogen sich sogar zurück ins Schweigen. Die Wolke ist dazu in der Lage, Krater mit Schweigen zu füllen (V. 34). Es zeigt, dass auch Schweigen eine Wirkung haben kann und dazu imstande ist, etwas zu bewegen. Mit „Sommer" (V. 35) könnte die Nachkriegszeit gemeint sein, die auch schon in der ersten Strophe des Gedichts angesprochen wurde. Es könnte in diesem Fall daraufhin deuten, dass erst einige Zeit vergehen muss, bis die Wolke, also der hermetische Schriftsteller, von seiner Umgebung erhört und wahrgenommen wird.

Das Gedicht schließt damit ab, dass das Unsägliche, „leise gesagt, übers Land" geht (V. 36). „Das Unsägliche", das Restriktionen unterliegt und daher „leise gesagt" werden muss, könnte für die Worte der hermetischen Autoren stehen, die nun nach der Suche gefunden worden sind und ausgesprochen werden müssen. Möglich wäre aber auch, dass die Sequenz „schon ist Mittag" (V. 37) als das Unsägliche verstanden werden kann und nun leise über das Land hinausgetragen wird. Es bleibt die Frage nach dem Wohin der Bewegung des Unsäglichen. Möglich wäre durchaus eine Verbreitung des Unsäglichen, aber auch ein Verschwinden aus der Landschaft. Die Zukunft des Unsäglichen ist demnach ungewiss.

In dem Gedicht „Früher Mittag", welches von Metaphern und Chiffren durchzogen ist, kann die Nachkriegssituation herausgelesen werden. Die als bedrohlich empfundenen Geschehnisse des Zweiten Weltkrieges und ihre Folgen (V. 1 - 8), das Empfinden der gegebenen Gegenwart mitsamt der Vergangenheitsbewältigung (V. 9 – 22), die aktuellen Einflüsse des Kalten Krieges (V. 23 – 27) und die Hoffnung auf Zukunft, die sich auch im Finden von Worten widerspiegelt (V. 28 – 37) und einen Verarbeitungsprozess darstellt, finden Erwähnung. Die Wendung „schon ist Mittag" kann an den verschiedenen Stellen des Gedichts unterschiedlich aufgefasst werden. In der ersten Strophe scheint sie zunächst neben den Naturbildern ein eher beiläufiger Ausdruck zu sein, der darauf hindeutet, dass es bereits an die Zeit eines Aufbruchs gekommen ist und das Leben nun von neuem erwacht. In Vers 23 erlangt die Formulierung „Schon ist Mittag" eine größere Aufmerksamkeit, da sie nun am Satzanfang vorzufinden ist. Der Mittag könnte hier beispielsweise als zeitlicher Wendepunkt des Tages betrachtet werden und zeigen, dass ein Prozess (hier: Wettrüsten) mitten im Gange und bereits vieles geschafft worden ist. Zum Abschluss des Gedichts taucht die Formulierung erneut auf (V. 37). Sie gibt, da sie die letzten Worte des Gedichts bilden, noch einmal Anstöße zum Nachdenken. An dieser Stelle wird die Situation, in der sich das Nachkriegsdeutschland befindet, geschildert: Eine ungewisse Zukunft steht bevor. Es gibt genügend Möglichkeiten, in der jetzigen Situation eine Veränderung hervorzurufen. Andererseits könnte „schon ist Mittag" als bedrohliches oder überraschend schnelles

Fortschreiten der Zeit gesehen werden, so dass ein Zeitdruck erzeugt wird und dementsprechend, wenn auch leise gesagt, zu einem Handeln aufgerufen wird. Es bleibt abzuwarten, inwieweit das Unsägliche im Land in der Lage dazu ist, sich zu entwickeln. Das Gedicht ist entsprechend der hermetischen Auslegung vielschichtig und schwierig zu dechiffrieren. Ingeborg Bachmann arbeitete mit vielen, komplexen Bildern, deren Interpretationen nicht leicht ausfindig zu machen sind. Es gibt viel Raum für Spekulationen und Sichtweisen, die den Zugang zu dem Gedicht „Früher Mittag" sehr schwer gestalten. Die Deutungen einiger Bilder sind mir verwehrt geblieben, wie zum Beispiel die genaue Auslegung der Figur des Märchenvogels in der ersten Strophe und die des geschmiedeten Adlers auf dem Felsen (V. 25 – 27). Es zeigt noch einmal, wie schwer der Zugang zu der Lyrik Ingeborg Bachmanns ist.

3.2 Gedichtinterpretation: „Anrufung des Großen Bären"

„Anrufung des Großen Bären" ist sowohl Namensgeber des zweiten Gedichtbandes als auch ein Gedicht aus diesem Band, welcher im Jahr 1956 veröffentlicht wurde. Im Folgenden werde ich versuchen, das Gedicht „Anrufung des Großen Bären" zu analysieren. Das reimlose Gedicht besteht aus 28 Versen, die vier, immer kürzer werdende Strophen aufbauen. An einigen Stellen sind die Verse wie auch in dem Gedicht „Früher Mittag" mit Enjambements miteinander verbunden (= Hakenstil). Die erste Strophe (V. 1 – 11) besteht aus elf Versen, die zweite Strophe (V. 12 – 18) aus sieben Versen und die letzten beiden Strophen (V. 19 – 23 und 24 – 28) aus jeweils fünf Versen.

Das Gedicht wirkt zunächst sehr undurchsichtig. Auffällig ist bereits zu Beginn des Gedichts, dass der Bär den Bezugspunkt des Gedichtes darstellt. Der Große Bär erweist sich in diesem Gedicht als eine mysteriöse Figur, die nach Anrufung durch die Menschen auf die Erde kommt und eine Gefahr von Gewalt darstellt. Bei genauerer Betrachtung des Gedichts eröffnet sich ein Perspektivenwechsel auf die Figur des Bären:

In der ersten Strophe (V. 1 – 11) wird von einer Gruppe („wir", V. 7) das Sternenbild des Großen Bären angerufen und angefleht herabzukommen. Auch die Nacht wirkt bereits, da sie als „zottige" (V. 1) beschrieben wird und daher dem Erscheinungsbild des Bären nahe kommt, düster und bedrohlich. Die Anrufung der Gruppe, die einer göttlichen Anbetung ähnelt, kommt einem Appell sehr nahe. Man wendet sich an ein Sternenbild, was von der Erde sehr weit distanziert und daher unerreichbar scheint. Die Faszination für dieses Sternenbild des Großen Bären kommt in dieser ersten Strophe sehr gut zur Geltung. Dieser

Bär wird in der ersten Strophe sehr genau beschrieben: Er ist ein „Wolkenpelztier" mit „alten Augen" (V. 2) bzw. „Sternenaugen" (V. 3), der „Pfoten mit den Krallen" (V. 5) besitzt und scharfe halbentblößte Zähne (V. 9 f.) hat. Die Anrufenden sind voller Ehrfurcht („gebannt", V. 8) vor diesem Bären, dennoch wünschen sie sich, dass der Bär herab kommen möge (V. 1). Der Bär erhält durch die Beschreibung eine große Macht, die beängstigend wirkt. Das Sternenbild wird personifiziert und enthält die natürlichen Eigenschaften eines lebendigen Bären. Die Anrufenden haben sich zur Aufgabe gemacht, die Herden, die potentielle Opfer des Bären sein könnten, zu bewachen (V. 7). Die Anrufenden zeigen demnach bei der Anrufung des Bären sehr viel Mut und begeben sich auch selbst in Gefahr.

In der zweiten Strophe des Gedichts (V. 12 – 18) kommt es zu einem Perspektiv- und Sprecherwechsel. Die Gestalt des Bären wendet sich in ihrer Bedrohlichkeit an die Anrufenden der ersten Strophe. Es zeigt sich, dass der Große Bär von oben auf die vermeintlich kleine Welt und ihre Bewohner schaut. Er stellt deutlich klar, dass er die Welt der Anrufenden als Zapfen und die Anrufenden als Schuppen an den Zapfen sieht. Er drückt somit seine Geringschätzung gegenüber der Welt aus. Er verdeutlicht seine Macht, indem er beschreibt, dass er mit den Zapfen und Schuppen spielen kann (V. 14: „treib sie, roll sie", V. 17 f.: „schnaub sie an, prüf sie im Maul / und pack zu mit den Tatzen"), als wenn sie seine Beute wären und keinen Ausweg mehr hätten. Die Welt und die Menschen als Opfer sind dem Großen Bären somit gnadenlos ausgeliefert.

In der dritten Strophe des Gedichts (V. 19 – 23) kommt es wiederum zu einem Sprecher- und Perspektivwechsel. Der Klingelbeutel (V. 20) gibt Hinweis darauf, dass sich der Bär nun angeleint, somit in der vermeintlichen Macht des Menschen, in einer Art Zirkus oder in traditioneller Sichtweise auf einem Marktplatz befinden könnte. Die Gewalt in der Figur des Bären ist demnach nun auf der Erde vorzufinden. Doch der Mann, möglicherweise ein Dompteur, der in der dritten Person von sich sprechen könnte und der den Bären an der Leine hält, ist blind (V. 21). Dieses stellt eine sehr große Bedrohung für die Menschen dar. Die Entscheidung über die Empfindung bezüglich der gegebenen Situation „Fürchtet euch oder fürchtet euch nicht" (V. 19) fällt nicht schwer. Der Ausspruch „Fürchtet euch nicht" könnte eine Anspielung auf die Bibel sein. Darin wird von Jesus Christus verkündet, sich nicht fürchten zu müssen. Doch aufgrund der Blindheit des Mannes, der den Bären an der Leine hält, wird Furcht gegenüber dem Bären erzeugt. Die Lämmer dienen als Opfergabe für den Bären und sollen gut gewürzt sein (V. 23). Durch die Opfergabe wird gezeigt, dass dem Bären Respekt und Ehre zu zollen ist und er als machtvolles Wesen gesehen werden kann.

Die letzte Strophe (V. 24 – 28) lehnt sich nicht nur durch den äußerlichen Aufbau (fünfzeilig), sondern auch inhaltlich an die vorletzte Strophe an, indem noch einmal die Gefahr, die von dem Bären ausgehen kann, wenn er sich von der Leine losreißen sollte, beschrieben wird. Die Drohungen seitens des Bären (V. 12 – 18) würden dann in die Tat umgesetzt werden. Die Zapfen, die von den hochgewachsenen Tannen aus dem Paradies fallen, wären dann die Opfer des Bären. Die Zapfen, also die Welt und die darauf lebenden Menschen, werden als groß und geflügelt (V. 27) beschrieben, was darauf hindeutet, dass die Zapfen sich über einen langen Zeitraum hinweg entwickelt haben müssen und eine attraktive Beute für das Tier darstellen.

Das Gedicht „Anrufung des Großen Bären" ist wie auch das Gedicht „Früher Mittag" zunächst schwer zu durchblicken. Insbesondere die Perspektivwechsel innerhalb des Gedichtes sorgen für anfängliche Verwirrung. Der Bär, als transzendierendes Wesen und dunkle, mystisch-märchenhafte Chiffre, vermittelt ein andauernd bestehendes Gefühl einer ausbrechenden Gefahr, die zunächst weit entfernt, plötzlich aber sehr nahe erscheint. Es wird eine Existenzbedrohung der menschlichen Beziehungen in der gegenwärtigen Welt vermittelt. Das Gedicht stellt sich somit einer unausweichlichen Präsenz von Gewalt. Deutschland und Europa haben traumatische Erfahrungen durchlitten und eine Zeit der Gewalt hinter sich gebracht. Es zeigt sich, dass die Gefahr von Gewalt und Schrecken noch nicht in Vergessenheit geraten ist und es auch in der Gegenwart der Nachkriegszeit eine Bedrohung durch eine geschichtliche Macht gibt. Aufgrund des aufgetretenen politischen Konfliktes durch den Kalten Krieg ist es möglich, dass die Leinen des machtvollen Bären reißen, dieser nicht mehr nur Drohungen ausspricht und viele Menschen dem Wesen zum Opfer fallen könnten.

4. Schlusswort

Ingeborg Bachmann versuchte - Adorno zum Trotz - zu zeigen, dass es auch in einer schwierigen Phase nach den Ereignissen, die der Zweite Weltkrieg mit sich zog, durchaus möglich war, Gedichte zu schreiben. So entschloss sich die Schriftstellerin dazu, ihrer Lyrik eine neue Sprache zu verleihen. Sie wollte das ausdrücken, was sich an der Grenze des Sagbaren befand, was aber zu dieser Zeit verarbeitet und ausgedrückt werden musste.

Ingeborg Bachmann bemühte sich um die Erneuerung der deutschen Sprache. Dazu äußerte die Schriftstellerin:

*„Eine neue Sprache muss eine neue Gangart haben, und diese Gangart hat sie nur, wenn ein Geist sie bewohnt. **Der Schriftsteller müsse der Sprache deshalb eine Gangart geben, die sie nirgendwo sonst erhält außer im sprachlichen Kunstwerk.** Da mag sie uns freilich erlauben, auf ihre Schönheit zu empfinden, aber sie gehorcht einer Veränderung, die weder zuerst noch zuletzt ästhetische Befriedigung will, sondern neue Fassungskraft. "[5]*

Diese geforderte neue Sprache hat Bachmann in ihren Gedichtbänden, insbesondere in dem Band „Anrufung des Großen Bären" realisiert. Die von mir analysierten Gedichte „Früher Mittag" und „Anrufung des Großen Bären" (Kap. 3.1 und 3.2) zeigen, dass die Gedichte Ingeborg Bachmanns stark chiffriert, metaphernreich und somit schwer zugänglich sind. Die Programmatik der hermetischen Lyrik (Kap. 2) konnte anhand dieser Gedichte daher sehr gut nachempfunden werden.

In einer Rede zur Verleihung des Hörspielpreises der Kriegsblinden, die sie am 17. März 1959 hielt[6], schilderte sie noch einmal die Situation und die Möglichkeiten der hermetischen Schriftsteller/innen in der Nachkriegszeit:

„Es ist auch mir gewiß, daß wir in der Ordnung bleiben müssen, daß es den Austritt aus der Gesellschaft nicht gibt und wir uns aneinander prüfen müssen. Innerhalb der Grenzen aber haben wir den Blick gerichtet auf das Vollkommene, das Unmögliche, Unerreichbare, sei es der Liebe, der Freiheit oder jeder reinen Größe. Im Widerspiel des Unmöglichen mit dem Möglichen erweitern wir unsere Möglichkeiten. Daß wir es erzeugen, dieses Spannungsverhältnis, an dem wir wachsen, darauf, meine ich, kommt es an; daß wir uns orientieren an einem Ziel, das freilich, wenn wir uns näher, sich noch einmal entfernt. "[7]

---

[5] s. HOFFMANN 1998, S. 51
[6] s. HOFFMANN 1998, S. 196
[7] s. HOFFMANN 1998, S. 49

Literatur

❖ Adorno, Theodor W.: „Kulturkritik und Gesellschaft". In: „Lyrik nach Auschwitz? Adorno und die Dichter". Hrsg. von Petra Kiedaisch. Stuttgart 1995

❖ Albrecht, Monika / Göttsche, Dirk: Bachmann. Handbuch – Leben- Werk-Wirkung. Verlag J. B. Metzler, Stuttgart 2002

❖ Hoffmann, Dieter: Arbeitsbuch Deutschsprachige Lyrik seit 1945. A. Francke Verlag, Tübingen 1998

❖ Lexikonartikel „Hermetismus" in: Bertelsmann – Wörterbuch der deutschen Sprache, Gütersloh 2004, S. 633.

Anhang

Früher Mittag

1 Still grünt die Linde im eröffneten Sommer,
2 weit aus den Städten gerückt, flirrt
3 der mattglänzende Tagmond. Schon ist Mittag,
4 schon regt sich im Brunnen der Strahl,
5 schon hebt sich unter den Scherben
6 des Märchenvogels geschundener Flügel,
7 und die vom Steinwurf entstellte Hand
8 sinkt uns erwachende Korn.

9 Wo Deutschlands Himmel die Erde schwärzt,
10 sucht sein enthaupteter Engel ein Grab für den Haß
11 und reicht dir die Schüssel des Herzens.

12 Eine Handvoll Schmerz verliert sich über den Hügel.

13 Sieben Jahre später
14 fällt es dir wieder ein,
15 am Brunnen vor dem Tore,
16 blick nicht zu tief hinein,
17 die Augen gehen dir über.

18 Sieben Jahre später,
19 in einem Totenhaus,
20 trinken die Henker von gestern
21 den goldenen Becher aus.
22 Die Augen täten dir sinken.

23 Schon ist Mittag in der Asche
24 krümmt sich das Eisen, auf den Dorn
25 ist die Fahne gehißt, und auf den Felsen
26 uralten Traums bleibt fortan
27 der Adler geschmiedet.

28 Nur die Hoffnung kauert erblindet im Licht.

29 Lös ihr Fessel, führ sie
30 die Halde herab, leg ihr
31 die Hand auf das Aug, daß sie
32 kein Schatten versengt!

33 Wo Deutschlands Erde den Himmel schwärzt,
34 sucht die Wolke nach Worten und füllt den Krater mit Schweigen,
35 eh sie der Sommer im schütteren Regen vernimmt.

36 Das Unsägliche geht, leise gesagt, übers Land:
37 schon ist Mittag.

Quelle: http://www.skrause.org/reading/germanpoems/bachmann_ingeborg-frueher_mittag.shtml (zuletzt abgerufen am 18.08.2007)

Anrufung des Großen Bären

```
1     Großer Bär, komm herab, zottige Nacht,
2     Wolkenpelztier mit den alten Augen,
3     Sternenaugen,
4     durch das Dickicht brechen schimmernd
5     deine Pfoten mit den Krallen,
6     Sternenkrallen,
7     wachsam halten wir die Herden,
8     doch gebannt von dir, und mißtrauen
9     deinen müden Flanken und den scharfen
10    halbentblößten Zähnen,
11    alter Bär.

12    Ein Zapfen: eure Welt.
13    Ihr: die Schuppen dran.
14    Ich treib sie, roll sie
15    von den Tannen im Anfang
16    zu den Tannen am Ende,
17    schnaub sie an, prüf sie im Maul
18    und pack zu mit den Tatzen.

19    Fürchtet euch oder fürchtet euch nicht!
20    Zahlt in den Klingelbeutel und gebt
21    dem blinden Mann ein gutes Wort,
22    daß er den Bären an der Leine hält.
23    Und würzt die Lämmer gut.

24    's könnt sein, daß dieser Bär
25    sich losreißt, nicht mehr droht
26    und alle Zapfen jagt, die von den Tannen
27    gefallen sind, den großen, geflügelten,
28    die aus dem Paradiese stürzten.
```